Brot und Brötchen

Rezepte für den Thermomix

Vorwort

Brot oder Brötchen erfüllen das Haus mit einem leckeren Duft. Die erste Scheibe Brot gibt es noch warm aus dem Ofen. Selbstgemachtes Brot bietet Ihnen zudem den Vorteil, dass Sie die Zutaten genau kennen. Sie haben zum Beispiel bei der Mehlsorte und den verwendeten Körnern und Kernen freie Hand.
Hier finden Sie viele verschiedene Rezepte für selbstgemachtes Brot und Brötchen aus dem Thermomix. Viele lassen sich prima am Vorabend vorbereiten und müssen morgens nur noch frisch gebacken werden. Sie sind leicht verständlich beschrieben und mit Bild und Nährwertangaben versehen.

Wir wünschen Ihnen viel Spaß beim Brot und Brötchen backen.

Wenn in Rezepten als Stufe z.B. 3.5 für den TM 5 angegeben ist, entspricht dies Stufe 3–4 für den TM 31.

Gegebenenfalls abweichende Temperaturangaben für den TM 31 finden Sie in den Rezepten jeweils in Klammern.

Inhaltsverzeichnis

Frühstückshörnchen

Zutaten für ca. 16 Stück

250 g	Milch
½ W.	Hefe, frisch
1 P.	Backpulver
15 g	Honig od. Zuckerrübensirup
1	Eigelb
½ Tl	Salz
100 g	Sonnenblumenöl
400 g	Weizenmehl, 405er
100 g	Weizenmehl, 550er

zusätzlich

1	Ei (Gr.M)
1 El	Milch

Zubereitung

- Milch, Hefe, Backpulver und Honig in den Mixtopf geben, **2 Min./37°C/Stufe 2** erwärmen.
- Restliche Zutaten zufügen, **2:30 Min./Teigstufe** kneten.
- Backofen auf **200°C Ober-/Unterhitze** vorheizen.
- Den Teig auf einer leicht bemehlten Fläche zu einem Kreis ausrollen (ø ca. 30 cm).
- Den Kreis in 16 Tortenstücke schneiden und jedes von der breiten Seite zur Spitze hin aufrollen.
- Die Hörnchen auf ein mit Backpapier ausgelegtes Backblech legen.
- Ei und Milch verquirlen und die Hörnchen damit bestreichen.
- Die Frühstückshörnchen **ca. 15 Minuten**, je nach gewünschtem Bräunungsgrad, backen.

Tipp *Sie können die Hörnchen nach dem Einstreichen auch mit Mandeln oder Hagelzucker bestreuen.*

Nährwerte/Stück: 185 kcal | EW 4,61 g | F 7,56 g | KH 24,49 g

Nährwerte/Stück: 211 kcal | EW 6,05 g | F 5,25 g | KH 34,44 g

Schnelle Sesamecken

Zutaten für ca. 6 Stück

150 g	Wasser
½ W.	Hefe, frisch
1 Tl	Zucker
180 g	Weizenmehl, 405er
50 g	Weizenmehl, 550er
50 g	Weizenmehl, 1050er
2 El	Olivenöl
¾ Tl	Salz

zusätzlich

ca. 2 El	Sesam

Zubereitung

- Wasser, Hefe und Zucker in den Mixtopf geben, **2:30 Min./37°C/Stufe 2** erwärmen.
- Restliche Zutaten zufügen, **2 Min./Teigstufe** kneten.
- Den Teig auf eine leicht bemehlte Fläche geben, zu einem Rechteck formen und etwas flach drücken.
- Vom Teig 6 Ecken bzw. Dreiecke abstechen und auf ein mit Backpapier belegtes Backblech legen.
- Die Sesamecken mit Wasser einsprühen und mit dem Sesam bestreuen.
- Die Sesamecken in den kalten Backofen schieben und bei **200°C Ober-/Unterhitze** für **ca. 25–30 Minuten** backen.

Übernacht Variante

Eine andere Möglichkeit ist, die Brötchen über Nacht gehen zu lassen:

- Die Sesamecken mit nur 15g Hefe wie beschrieben zubereiten, in eine gefettete Springform (ø ca. 28cm oder eine Auflauform) im Kreis angeordnet hineinlegen und mit Folie bedeckt über Nacht in den Kühlschrank stellen.
- Die Sesamecken etwa 30–60 Minuten vor dem Backen aus dem Kühlschrank nehmen und die Folie entfernen.
- Sesamecken in den kalten Ofen schieben und bei **200°C Ober-/Unterhitze** für **ca. 25–30 Minuten** backen.

Helles Kastenbrot

Zutaten

450 g	Weizenmehl, 405er
200 g	Weizenmehl, 550er
400 g	Wasser, lauwarm
1 W.	Hefe, frisch
2½ Tl	Salz
125 g	Joghurt

Zubereitung

- Alle Zutaten in den Mixtopf geben, **4 Min./Teigstufe** kneten.
- Den Teig in eine geölte Brotback- oder große Kastenform einfüllen.
- Das Brot in den kalten Backofen schieben und auf **200°C Ober-/Unterhitze** für **ca. 55–60 Minuten** backen.

Tipp *Das Brot nach einigen Minuten im Ofen längs einschneiden, damit es nicht so sehr einreißt.*

Nährwerte/100 g: 191 kcal | EW 6,35 g | F 0,96 g | KH 38,59 g

Dinkelmischbrot

Zutaten

420 g	Wasser
15 g	Hefe, frisch
½ Tl	Zucker
1 Btl.	Sauerteig, flüssig (ca. 75 g)
180 g	Dinkelvollkornmehl
100 g	Roggenmehl, 1150er
200 g	Weizenmehl, 405er
10 g	Salz

Zubereitung

- Wasser, Hefe, Zucker und Sauerteig in den Mixtopf geben, **2 Min./37°C/Stufe 2** erwärmen.
- Restliche Zutaten zufügen, **3:30 Min./Teigstufe** kneten.
- Den Teig in eine gefettete Form mit Deckel (mind. 2,5 l Inhalt) füllen.
- Das Brot mit geschlossenem Deckel in den kalten Ofen schieben und bei **220°C Ober-/Unterhitze** für **ca. 60 Minuten** backen.

Tipp *Ganz nach Belieben können Sie auch verschiedene Körner oder Saaten zufügen.*

Nährwerte/100 g: 177 kcal | EW 6,01 g | F 0,78 g | KH 35,78 g

Schnelles Weizenbrot

Zutaten

½ W.	Hefe, frisch
450 g	Wasser
½ Tl	Zucker
300 g	Vollkornweizenmehl
300 g	Weizenmehl, 405er
1 Tl	Salz

zusätzlich

Brotgewürz nach Belieben

Tipp *Dieses schnelle Brot können Sie auch mit Sonnenblumen- oder anderen Kernen backen.*

Zubereitung

- Hefe, Wasser und Zucker in den Mixtopf geben, **2:30 Min./37°C/Stufe 1.5** erwärmen.
- Restliche Zutaten zufügen, **4 Min./Teigstufe** kneten.
- Eine Form (z.B. oval ca. 26 x 19 cm, 3,5 l Inhalt) mit Deckel leicht fetten und mit Mehl ausstäuben.
- Den leicht klebrigen Teig einfüllen und mit etwas Mehl bestäuben.
- Das Brot mit geschlossenem Deckel in den kalten Backofen schieben und auf **220°C Ober-/Unterhitze ca. 60 Minuten** backen.

Nährwerte/100 g: 193 kcal | EW 6,69 g | F 0,89 g | KH 38,96 g

Nährwerte/100 g: 239 kcal | EW 8,72 g | F 5,03 g | KH 39,07 g

Kürbiskernbrot

Zutaten

420 g	Wasser
½ W.	Hefe, frisch
10 g	Ahornsirup
300 g	Dinkelmehl, 630er
350 g	Weizenmehl, 405er
80 g	Kürbiskerne
15 g	Salz
15 g	Kürbiskernöl

zusätzlich

1 El	Mehl

Zubereitung

- Wasser, Hefe und Sirup in den Mixtopf geben, **2:30 Min./37°C/Stufe 2** erwärmen.
- Restliche Zutaten zufügen, **4 Min./Teigstufe** kneten.
- Den Teig im Mixtopf ca. 45–60 Minuten gehen lassen, bis der Teig oben aus der Messbecheröffnung kommt.
- Den Teig **10 Sek./Teigstufe** kneten.
- Das Mehl am Rand des Mixtopfes verteilen und nochmals **10 Sek./Teigstufe** kneten.
- Den Teig auf eine bemehlte Fläche geben und etwas in Form bringen.
- Den Teig in eine bemehlte Form (z.B. oval ca. 26x19 cm, 3,5 l Inhalt) mit Deckel geben, nach Belieben einschneiden und zugedeckt nochmals ca. 20–30 Minuten gehen lassen.
- Das Brot in den kalten Ofen schieben und auf **230°C Ober-/Unterhitze** für **ca. 50 Minuten** backen.
- Das Brot aus der Form nehmen und für weitere **8–10 Minuten** backen.

Laugenbagels

Zutaten für ca. 8 Stück

250 g	Weizenmehl, 405er
250 g	Weizenmehl, 550er
1 P.	Trockenhefe
2 Tl	Salz
300 g	Wasser, lauwarm
20 g	Olivenöl
5 g	Honig

zusätzlich für die Lauge

50 g	Kaisernatron
1–1½ l	Wasser

zusätzlich

Körner oder grobes Salz nach Belieben

Zubereitung

- Alle Zutaten in den Mixtopf geben, **5 Min./Teigstufe** kneten.
- Den Teig in ein geölte Schüssel umfüllen und ca. 1–2 Stunden zugedeckt gehen lassen, bis er sich etwa verdoppelt hat.
- Backofen auf **190°C Ober-/Unterhitze** vorheizen.
- Teig auf eine leicht bemehlte Arbeitsfläche geben und in 8 gleiche Stücke teilen.
- Aus jedem Stück ein rundes Brötchen formen, mit dem Finger in die Mitte ein Loch drücken und dieses ausweiten, sodass daraus ein Bagel entsteht.
- Wasser und Natron aufkochen und dann zurückschalten bis es nicht mehr kocht.
- Je nach Topfgröße die Bagels einzeln oder zu zweit in die Lauge geben und ca. 1–2 Minuten ziehen lassen. Den Bagel dabei einmal drehen.
- Die Bagels auf ein mit Backpapier ausgelegtes Backblech legen und nach Belieben mit Sesam, Leinsamen, grobem Salz usw. bestreuen.
- Die Bagels für **ca. 20–25 Minuten**, je nach gewünschtem Bräunungsgrad, backen.

Nährwerte/Stück: 242 kcal | EW 6,76 g | F 3,17 g | KH 45,86 g

Nährwerte/Stück: 164 kcal | EW 6,63 g | F 0,51 g | KH 32,68 g

Weizenbrötchen

Zutaten für ca. 9 Stück

240 g	Wasser
½ W.	Hefe, frisch
5 g	Ahornsirup
400 g	Weizenmehl, 405er
3 El	Weizenkleber
5 g	Salz

Zubereitung

- Wasser, Hefe und Sirup in den Mixtopf geben, **2 Min./37°C/Stufe 2** erwärmen.
- Restliche Zutaten zufügen, **3 Min./Teigstufe** kneten.
- Den Teig in ca. 9 Stücke teilen, jeden Teigling unter mehrmaligem Falten zu ovalen Brötchen formen.
- Die Brötchen einschneiden, auf ein mit Backpapier ausgelegtes Backblech legen und ca. 15–20 Minuten gehen lassen.
- Brötchen gut mit Wasser befeuchten und in den kalten Ofen schieben.
- Weizenbrötchen bei **200° C Ober-/Unterhitze ca. 25–30 Minuten** backen.

Eine andere Möglichkeit ist, die Brötchen über Nacht gehen zu lassen: **Übernacht Variante**

- Die Weizenbrötchen wie beschrieben, aber nur mit ¼ Würfel Hefe zubereiten, auf ein Blech oder z.B. in eine Springform legen und mit Folie bedeckt über Nacht in den Kühlschrank stellen.
- Die Weizenbrötchen etwa 30–60 Minuten vor dem Backen aus dem Kühlschrank nehmen und die Folie entfernen.
- Weizenbrötchen in den kalten Ofen schieben und bei **200°C Ober-/Unterhitze** für **ca. 25–30 Minuten** backen.

Roggen-Kasten-Brot

Zutaten

450 g	Wasser
20 g	Hefe, frisch
1 Btl.	Sauerteig, flüssig (ca. 75 g)
15 g	Zuckerrübensirup
400 g	Roggenvollkornmehl
220 g	Weizenmehl, 405er
2½ Tl	Salz
½ Tl	Brotgewürz

Zubereitung

- Wasser, Hefe, Sauerteig und Sirup in den Mixtopf geben, **2:30 Min./37°C/Stufe 2** erwärmen.
- Restliche Zutaten zufügen, **3:30 Min./Teigstufe** kneten.
- Eine Brotbackform (ca. 13 x 30 cm) einfetten und mit Mehl ausstreuen.
- Den Teig in die Form füllen, mit etwas Mehl bestäuben und zugedeckt ca. 45–60 Minuten gehen lassen.
- Währenddessen den Backofen auf **200°C Ober-/Unterhitze** vorheizen.
- Das Brot für **ca. 55–60 Minuten** backen.

Nährwerte/100 g: 179 kcal | EW 5,67 g | F 0,86 g | KH 36,53 g

Ciabatta

Zutaten

190 g	Wasser
½ W.	Hefe, frisch
300 g	Weizenmehl, 405er
100 g	Weizenmehl, 550er
1½ Tl	Salz
50 g	Olivenöl

Zubereitung

- Hefe und Wasser in den Mixtopf geben, **2 Min./37°C/Stufe 2** erwärmen.
- Restliche Zutaten zufügen, **2 Min./Teigstufe** kneten.
- Aus dem Teig auf einer leicht bemehlten Fläche einen länglichen Laib formen und auf ein mit Backpapier ausgelegtes Backblech legen.
- Das Ciabatta ca. 30–45 Minuten zugedeckt an einem warmen Ort gehen lassen.
- Das Ciabatta in den kalten Ofen schieben und bei **200°C Ober-/Unterhitze** für **ca. 25–30 Minuten** backen.

Tipp *Je nach Vorliebe können Sie auch Oliven oder Röstzwiebeln mit in den Teig kneten.*

Nährwerte/100 g: 274 kcal | EW 6,62 g | F 8,13 g | KH 43,27 g

Weißbierstangerl

Zutaten für ca. 7 Stück

300 g	Weißbier
½ W.	Hefe, frisch
¾ Tl	Zucker
230 g	Weizenmehl, 550er
100 g	Weizenmehl, 1050er
150 g	Roggenmehl, 1150er
1½ Tl	Salz
15 g	Olivenöl

zusätzlich

3 El	Bier
	Körner oder grobes Salz

Zubereitung

- Bier, Hefe und Zucker in den Mixtopf geben, **1 Min./37°C/Stufe 1** erwärmen.
- Restliche Zutaten zufügen, **4 Min./Teigstufe** kneten.
- Den Teig in eine bemehlte Schüssel geben und zugedeckt ca. 45 Minuten gehen lassen.
- Den Teig auf eine ganz leicht bemehlte Fläche geben und nochmals kurz kneten.
- Den Teig in 7 Stücke teilen, aus jedem eine Rolle bzw. Stangerl formen (ca. 20 cm) und auf ein mit Backpapier ausgelegtes Backblech legen.
- Den Backofen auf **190°C Ober-/Unterhitze** vorheizen und die Stangerl währenddessen nochmals gehen lassen.
- Die Stangerl mit Bier bestreichen und mit Körnern, Salz oder ähnlichem nach Belieben bestreuen.
- Die Stangerl für **ca. 25–30 Minuten**, je nach gewünschtem Bräunungsgrad, backen.

Nährwerte/Stück: 268 kcal | EW 7,98 g | F 3,16 g | KH 48,17 g

Nährwerte/100 g: 208 kcal | EW 7,41 g | F 0,92 g | KH 41,68 g

Zutaten

550 g	Dinkelmehl, 630er
200 g	Roggenvollkornmehl
15 g	Hefe, frisch
5 g	Honig
15 g	Backmalz
430 g	Wasser, lauwarm
2 El	Salz, flach
1–2 Tl	Brotgewürz, nach Belieben

Zutaten

- Alle Zutaten in den Mixtopf geben, **5 Min./Teigstufe** kneten.
- Teig im Mixtopf ca. 30 Minuten gehen lassen.
- Dann den Teig **30 Sek./Teigstufe** kneten und nochmals ca. 30 Minuten gehen lassen.
- Anschließend **1:20 Min./Teigstufe** kneten, dabei mit dem Spatel helfen, bis sich der Teig etwas gelöst hat.
- Den Teig auf die bemehlte Arbeitsplatte geben und zugedeckt weitere 30 Minuten gehen lassen.
- Den Teig nochmal per Hand kneten und einen runden oder ovalen Laib daraus formen.
- Das Brot auf ein mit Backpapier ausgelegtes Backblech geben, nach Belieben einschneiden und zudecken.
- Den Backofen auf **250°C Ober-/Unterhitze** vorheizen und das Brot währenddessen nochmals gehen lassen.
- Das Brot in den Ofen schieben und **ca. 15 Minuten** backen.
- Anschließend die Temperatur auf **180°C** reduzieren und für weitere **40–45 Minuten** backen.

Dinkel-Bier-Brot

Zutaten

250 g	Dinkelkörner
330 g	Bier, z.B. Pils oder Helles
1 W.	Hefe, frisch
5 g	Honig
300 g	Weizenmehl, 550er
2 Tl	Salz

Zubereitung

- Dinkel in den Mixtopf geben, **1 Min./Stufe 10** mahlen und umfüllen.
- Bier, Hefe und Honig in den Mixtopf geben, **2 Min./40°C (37°C)/Stufe 1** erwärmen.
- Restliche Zutaten, sowie umgefülltes Dinkelmehl, zufügen und **4:30 Min./Teigstufe** kneten.
- Den Teig auf eine bemehlte Fläche geben und mit Hilfe von Mehl einen Laib formen.
- Den Laib auf ein mit Backpapier ausgelegtes Backblech geben, nach Belieben einschneiden und etwa 1 Stunde zugedeckt gehen lassen.
- Währenddessen den Backofen auf **250°C Ober-/Unterhitze** vorheizen.
- Das Brot in den Ofen schieben und **etwa 15 Minuten** backen.
- Die Temperatur auf **200°C** reduzieren und für weitere **40–45 Minuten** backen.

Nährwerte/100 g: 218 kcal | EW 8,86 g | F 0,87 g | KH 40,69 g

Vollkornbrot über Nacht

Zutaten

100 g	Dinkelkörner
200 g	Roggenkörner
200 g	6-Korn-Mischung
200 g	Weizenmehl, 1050er
15 g	Vollkorn-Sauerteig, getrocknet
1 P.	Trockenhefe
670 g	Wasser
2 Tl	Salz
50 g	Sonnenblumenkerne
25 g	Leinsamen, geschrotet

Zubereitung

- Dinkel und Roggen in den Mixtopf geben, **30 Sek./Stufe 10** mahlen und umfüllen.
- 6-Korn-Mischung in den Mixtopf geben, **30 Sek./Stufe 10** mahlen.
- Restliche Zutaten sowie umgefüllte Körner zufügen, **1 Min./LL/Stufe 4.5** vermengen.
- Den Teig in eine gefettete Brotbackform (ca. 3–3,5 l Inhalt) einfüllen und zugedeckt über Nacht (bzw. mind. 12 Stunden) im Kühlschrank gehen lassen.
- Brot aus dem Kühlschrank nehmen und ca. 30 Minuten Raumtemperatur annehmen lassen.
- Backofen auf **200°C Ober-/Unterhitze** vorheizen und das Brot währenddessen gehen lassen.
- Das Brot für **ca. 55–60 Minuten** backen, aus der Form lösen und in weiteren **5–10 Minuten** fertig backen.

Nährwerte/100 g: 186 kcal | EW 6,64 g | F 4,18 g | KH 30,08 g

Brotsticks mit Röstzwiebeln

Zutaten für ca. 12 Stück

270 g	Wasser
½ W.	Hefe, frisch
5 g	Honig
420 g	Weizenmehl, 405er
20 g	Backmalz
2 Tl	Salz
3 El	Olivenöl

zusätzlich

60 g	Röstzwiebeln (FP)

Tipp *Wenn es schnell gehen muss, nach dem Formen sofort in den kalten Backofen schieben und für ca. 20–25 Minuten backen.*

Zubereitung

- Wasser, Hefe und Honig in den Mixtopf geben, **1:30 Min./37°C/Stufe 1** erwärmen.
- Restliche Zutaten zufügen, **2:30 Min./Teigstufe** kneten.
- Den Teig in eine geölte Schale geben und zugedeckt ca. 1 Stunde gehen lassen.
- Den Teig auf eine ganz leicht bemehlte Fläche geben und in 12 Stücke teilen.
- Aus jedem Teigstück eine Rolle formen (ca. 25 cm) und auf ein mit Backpapier ausgelegtes Backblech legen.
- Backofen auf **200°C Ober-/Unterhitze** vorheizen und die Brotsticks währenddessen gehen lassen.
- Die Brotsticks für **ca. 15–20 Minuten** backen.

Nährwerte/Stück: 179 kcal | EW 4,27 g | F 5,08 g | KH 28,83 g

Nährwerte/100 g: 191 kcal | EW 5,88 g | F 0,73 g | KH 39,53 g

Kartoffelbrot

Zutaten

220 g	Wasser
½ W.	Hefe, frisch
1 El	Ahornsirup
15 g	Vollkornsauerteig, getrocknet (FP)
220 g	gekochte Kartoffeln vom Vortag, geschält
350 g	Weizenmehl, 405er
150 g	Roggenmehl, 1150er
2 Tl	Salz
1 El	Balsamico, hell
1½ Tl	Brotgewürz (FP)

Zubereitung

- Wasser, Hefe, Ahornsirup und Sauerteig in den Mixtopf geben, **2 Min./37°C/Stufe 1.5** erwärmen.
- Kartoffeln in kleinen Stücken zusammen mit den restlichen Zutaten zufügen, **3:30 Min./Teigstufe** kneten.
- Den Teig auf einer bemehlten Fläche etwas in Form bringen und dann in ein bemehltes Garkörbchen legen.
- Den Teig im Garkörbchen zugedeckt an einem warmen Ort ca. 45 Minuten gehen lassen.
- Währenddessen den Backofen auf **240°C Ober-/Unterhitze** vorheizen.
- Das Brot auf ein mit Backpapier ausgelegtes Blech stürzen, nach Belieben einschneiden und in den Ofen schieben.
- Die Temperatur sofort auf **200°C Ober-/Unterhitze** reduzieren.
- Das Brot für **ca. 45–50 Minuten** im Ofen backen.

Tomatenbrötchen

Zutaten für ca. 9 Stück

80 g	getrocknete Tomaten, in Öl (Glas)
100 g	Dinkelmehl, 630er
250 g	Weizenmehl, 405er
1 W.	Hefe, frisch
5 g	Honig
2 El	Tomatenöl, von den getr. Tomaten (Glas)
2 Tl	Salz, gestrichen
140 g	Wasser, lauwarm

Tipp *Diese würzigen Brötchen schmecken super zu Salaten, Suppen oder zu Gegrilltem.*

Zubereitung

- Tomaten etwas abtropfen lassen und in den Mixtopf geben, **5 Sek./Stufe 8** zerkleinern.
- Restliche Zutaten zufügen, **2:30 Min./Teigstufe** kneten.
- Teig zu einer Kugel formen, in eine bemehlte Schüssel geben und zugedeckt an einem warmen Ort ca. 2 Stunden gehen lassen.
- Teig auf eine bemehlte Fläche geben, kurz kneten und zu einem Rechteck ausrollen.
- Den Teig von der langen Seite her einrollen und in 9 Scheiben schneiden.
- Die Scheiben auf ein mit Backpapier ausgelegtes Backblech legen und nochmals ca. 30 Minuten gehen lassen.
- Währenddessen den Backofen auf **180°C Ober-/Unterhitze** vorheizen.
- Die Tomatenbrötchen für **ca. 15–18 Minuten** backen.

Nährwerte/Stück: 165 kcal | EW 5,29 g | F 2,77 g | KH 29,11 g

Nährwerte/100 g: 208 kcal | EW 9,66 g | F 2,77 g | KH 35,38 g

Saatenbrot

Zutaten

Quellstück

75 g	Saaten-Flocken-Mischung, 8-fach
75 g	Wasser
2 Pr.	Salz

Teig

100 g	Weizenkörner
10 g	Zucker
½ W.	Hefe, frisch
450 g	Wasser
300 g	Weizenmehl, 550er
250 g	Roggenvollkornmehl
35 g	Gluten
15 g	Trockensauerteig, Vollkorn
15 g	Salz

zusätzlich

ca. 4 El	Saaten-Flocken-Mischung, 8-fach

Zubereitung

Quellstück

› Alle Zutaten in einer Schale vermischen und etwa 1 Stunde quellen lassen.

Teig

› Weizenkörner in den sauberen Mixtopf geben, **1 Min./Stufe 10** mahlen und umfüllen.
› Zucker, Hefe und Wasser in den Mixtopf geben, **2 Min./37°C/Stufe 2** erwärmen.
› Restliche Zutaten, sowie das Quellstück, zufügen, **4:30 Min./Teigstufe** kneten.
› Eine Form mit Deckel (z.B. oval ca. 26 x 19 cm, 3,5 l Inhalt) einölen und mit 2 El Saaten ausstreuen.
› Aus dem Teig einen Leib formen und in die Form legen.
› Das Brot der Länge nach einschneiden und ca. 30 Minuten gehen lassen.
› Das Brot mit Wasser besprühen und mit den restlichen Saaten bestreuen.
› Die Form mit geschlossenem Deckel in den kalten Ofen schieben und auf **240°C Ober-/Unterhitze** für **ca. 55–60 Minuten** backen.

Tipp *Je nach gewünschtem Bräunungsgrad ggf. noch ein paar Minuten ohne Form backen.*

Zwetschgen-Nuss-Brot

Zutaten

400 g	Zwetschgen, entkernt und gewürfelt
75 g	Rohrohrzucker
½ Tl	Zimt
1 Tl	Kakao
100 g	Haselnusskerne
100 g	Rosinen
40 g	Rum
2 El	Limettensaft

zusätzlich

200 g	Mehl, 405er
200 g	Mehl, 550er
45 g	Fruchtsaft

Zubereitung

- Alle Zutaten in einer Schüssel vermengen und mindestens 12 Stunden ziehen lassen.
- Backofen auf **170°C Ober-/Unterhitze** vorheizen.
- Alle Zutaten in den Mixtopf geben, Mehl und Fruchtsaft zufügen und **2 Min./Teigstufe** vermengen.
- Den Teig in eine leicht gefettete Kastenform füllen und für **ca. 90 Minuten** backen.
- Das Brot schmeckt am besten, wenn Sie es nach dem Backen über Nacht durchziehen lassen.

Nährwerte/100 g: 253 kcal | EW 5,39 g | F 5,93 g | KH 41,78 g

Toastbrot

Zutaten

30 g	Hefe, frisch
280 g	Wasser
10 g	Zucker
400 g	Weizenmehl, 405er
100 g	Weizenmehl, 550er
2 Tl	Salz
30 g	Butter, weich

Zubereitung

- Hefe, Wasser und Zucker in den Mixtopf geben, **1:30 Min./37°C/Stufe 2** erwärmen.
- Restliche Zutaten zufügen, **2 Min./Teigstufe** kneten.
- Den leicht klebrigen Teig auf einer bemehlten Fläche ein wenig in eine längliche Form bringen.
- Den Teig in eine bemehlte Kastenform geben und ca. 30–60 Minuten zugedeckt an einem warmen Ort gehen lassen. Der Teig sollte sich in etwa verdoppeln.
- Währenddessen den Backofen auf **180°C Ober-/Unterhitze** vorheizen.
- Das Toastbrot für **ca. 45–50 Minuten** im Backofen backen.

Tipp *Lässt sich prima toasten, schmeckt aber auch als Weißbrot sehr lecker.*

Nährwerte/100 g: 233 kcal | EW 6,51 g | F 3,53 g | KH 43,24 g

Nährwerte/Stück: 198 kcal | EW 6,31 g | F 3,64 g | KH 33,93 g

Chiabrötchen

Zutaten für ca. 5 Stück

120 g	Wasser
5 g	Honig
10 g	Hefe, frisch
200 g	Weizenmehl, 550er
30 g	Dinkelmehl, 630er
3/4 Tl	Salz
10 g	Butter
15 g	Chiasamen

zusätzlich

1 El	Chiasamen zum Bestreuen

Zubereitung

- Wasser, Honig und Hefe in den Mixtopf geben, **1:30 Min./37°C/Stufe 2** erwärmen.
- Restliche Zutaten zufügen, **2:30 Min./Teigstufe** kneten.
- Aus dem Teig 5 Brötchen formen und nach Belieben einschneiden.
- Die Brötchen mit Wasser befeuchten und mit den Chiasamen bestreuen.
- Brötchen auf ein mit Backpapier ausgelegtes Backblech legen.
- Den Backofen auf **190°C Ober-/Unterhitze** vorheizen und die Brötchen währenddessen gehen lassen.
- Die Brötchen **ca. 20–25 Minuten** je nach gewünschtem Bräunungsgrad backen.

Eine andere Möglichkeit ist, die Brötchen über Nacht gehen zu lassen: Übernacht Variante

- Die Chiabrötchen wie beschrieben zubereiten, auf ein Blech oder z.B. in eine kleine Springform legen und mit Folie bedeckt über Nacht in den Kühlschrank stellen.
- Die Chiabrötchen etwa 30–60 Minuten vor dem Backen aus dem Kühlschrank nehmen und die Folie entfernen.
- Chiabrötchen in den kalten Ofen schieben und bei **200°C Ober-/Unterhitze** für **ca. 25 Minuten** backen.

Kerniges Dinkelbrot

Zutaten

450 g	Wasser
20 g	Honig
1 W.	Hefe, frisch
300 g	Dinkelmehl, 1050er
200 g	Dinkelvollkornmehl
3 El	Balsamico
2½ Tl	Salz
180 g	gemischte Kerne, z.B.Sonnenblumen, Leinsamen, Kürbis

Zubereitung

› Wasser, Honig und Hefe in den Mixtopf geben, **1:30 Min./37°C/Stufe 1** erwärmen.
› Restliche Zutaten zufügen, **4 Min./Teigstufe** kneten.
› Teig in eine gefettete Form mit Deckel (ca. 3–3,5 l Inhalt) einfüllen.
› Die Form in den kalten Ofen stellen und auf **210°C Ober-/Unterhitze** für **ca. 50 Minuten** backen.
› Das Brot aus der Form lösen und ohne Form in **10–15 Minuten** fertig backen.

Nährwerte/100 g: 218 kcal | EW 9,56 g | F 5,35 g | KH 32,28 g

Schnelle Roggenmischbrötchen

Zutaten für ca. 12 Stück

1 W.	Hefe, frisch
330 g	Wasser
10 g	Ahornsirup
30 g	Öl
20 g	Backmalz
450 g	Weizenmehl, 405er
200 g	Roggenmehl, 1150er
2 Tl	Salz

Zubereitung

- Hefe, Wasser und Ahornsirup in den Mixtopf geben, **2 Min./37°C/Stufe 1** erwärmen.
- Restliche Zutaten zufügen, **3 Min./Teigstufe** kneten.
- Den Teig auf eine leicht bemehlte Fläche geben und in 12 Stücke teilen.
- Aus dem Teig 12 Brötchen nach Belieben formen und einschneiden.
- Die Brötchen auf ein mit Backpapier ausgelegtes Backblech legen und ca. 15 Minuten gehen lassen.
- Die Brötchen mit Wasser befeuchten und in den kalten Ofen schieben.
- Die Brötchen bei **200°C Ober-/Unterhitze** für **ca. 25–30 Minuten** backen.

Nährwerte/Stück: 212 kcal | EW 6,10 g | F 3,21 g | KH 39,02 g

Zucchini-Nuss-Brot

Zutaten

100 g	gemischte Nusskerne, z.B. Walnüsse, Cashew
250 g	Zucchini, in Stücken
1 W.	Hefe, frisch
1 Tl	Zucker
250 g	Wasser
2 Tl	Salz
20 g	Olivenöl
440 g	Weizenmehl, 405er
100 g	Dinkelmehl, 1050er

zusätzlich

5 El	Milch

Zubereitung

› Nüsse in den Mixtopf geben, **5 Sek./Stufe 5** zerkleinern und umfüllen.

› Zucchini in den Mixtopf geben, **3 Sek./Stufe 5** zerkleinern und zum Abtropfen in das Garkörbchen umfüllen.

› Hefe, Zucker und Wasser in den Mixtopf füllen, **2:30 Min./37°C/Stufe 1.5** erwärmen.

› Zucchini mit einem Löffel ausdrücken und in den Mixtopf dazugeben.

› Von den Nüssen 2 Esslöffel beiseitestellen und die restlichen Nüsse zusammen mit den übrigen Zutaten in den Mixtopf hinzufügen, **3 Min./Teigstufe** kneten.

› Den Teig in eine große, gefettete Kastenform einfüllen, mit Milch bestreichen und mit den Nüssen bestreuen.

› Das Brot ca. 30–45 Minuten zugedeckt gehen lassen.

› Backofen währenddessen auf **200°C Ober-/Unterhitze** vorheizen.

› Das Brot für **ca. 50–55 Minuten**, je nach gewünschter Bräune, backen.

Nährwerte/100 g: 239 kcal | EW 6,59 g | F 8,29 g | KH 34,23 g

Nährwerte/Stück: 197 kcal | EW 6,13 g | F 2,54 g | KH 36,78 g

Joghurtbrötchen

Zutaten für ca. 8 Brötchen

170 g	Wasser
15 g	Hefe, frisch
1 Tl	Zucker
50 g	Joghurt
150 g	Weizenmehl, 405er
200 g	Weizenmehl, 550er
50 g	Roggenmehl, 1150er
10 g	Balsamico
10 g	Öl
1½ Tl	Salz

zusätzlich

ca. 2 El	Leinsamen, geschrotet

Zubereitung

- Wasser, Hefe und Zucker in den Mixtopf geben, **1:30 Min./37°C/Stufe 1** erwärmen.
- Restliche Zutaten zufügen, **2:30 Min./Teigstufe** kneten.
- Aus dem Teig ca. 8 Brötchen formen, nach Belieben einschneiden und auf ein mit Backpapier ausgelegtes Backblech legen.
- Die Brötchen mit Wasser befeuchten und mit den Leinsamen bestreuen.
- Die Brötchen ca. 20 Minuten zugedeckt gehen lassen.
- Die Brötchen in den kalten Backofen schieben und bei **200°C Ober-/Unterhitze** für **ca. 20–25 Minuten** backen.

Übernacht Variante

Eine andere Variante ist, die Brötchen über Nacht gehen zu lassen:

- Die Joghurtbrötchen wie beschrieben zubereiten, auf ein Blech oder in eine Springform (ø ca. 28 cm) legen und mit Folie bedeckt über Nacht in den Kühlschrank stellen.
- Die Joghurtbrötchen ca. 30 Minuten vor dem Backen aus dem Kühlschrank nehmen.
- Joghurtbrötchen in den kalten Ofen schieben und bei **200°C Ober-/Unterhitze** für **ca. 25 Minuten** backen

Kleines Kräuterbrot

Zutaten

250 g	Weizenmehl, 1050er
130 g	Roggenmehl, 1150er
10 g	Salz
5 g	Zuckerrübensirup
½ W.	Hefe,frisch
1 Btl.	Sauerteig, flüssig (ca. 75 g)
10 g	Olivenöl
230 g	Wasser, lauwarm
5 El	gemischte Kräuter, fein geschnitten z.B. Kresse, Schnittlauch, Petersilie

Zubereitung

- Alle Zutaten, ausgenommen Kräuter, in den Mixtopf geben, **3 Min./Teigstufe** kneten.
- Den Teig im Mixtopf ca. 20 Minuten gehen lassen.
- Kräuter zufügen, **1 Min./Teigstufe** kneten.
- Den Teig auf eine bemehlte Fläche geben und einen kleinen Laib formen.
- Den Laib nach Belieben einschneiden und auf ein mit Backpapier ausgelegtes Backblech legen.
- Das Brot in den kalten Ofen schieben und auf **220°C Ober-/Unterhitze ca. 45–50 Minuten** backen.

Tipp *Aus der doppelten Menge lassen sich 3 Baguettes herstellen, dafür die Backzeit etwas verkürzen.*

Nährwerte/100 g: 197 kcal | EW 6,74 g | F 2,36 g | KH 36,50 g

Schnelles Sauerteigbrot

Zutaten

½ W.	Hefe, frisch
470 g	Wasser
½ Tl	Zucker
1 Btl.	Sauerteig, flüssig (ca. 75 g)
70 g	Schmand
2 Tl	Salz
330 g	Roggenvollkornmehl
260 g	Dinkelmehl, 630er
2 El	Backmalz
100 g	6-Saaten-Flocken--Mischung oder alternativ Körner nach Belieben

Zubereitung

› Hefe, Wasser, Zucker und Sauerteig in den Mixtopf geben, **2:30 Min./37°C/Stufe** 2 erwärmen.
› Restliche Zutaten zufügen, **3 Min./Teigstufe** kneten.
› Den klebrigen Teig in eine gefettete und mit Mehl ausgestäubte Brotbackform (z.B. Kasten ca. 13 x 30 cm) einfüllen, nach Belieben einschneiden und zugedeckt ca. 20 Minuten gehen lassen.
› Das Brot in den kalten Ofen schieben und bei **200°C Ober-/Unterhitze ca. 55–60 Minuten** backen.

Tipp *Das Brot schmeckt auch ohne Körner sehr lecker.*

Nährwerte/100 g: 204 kcal | EW 7,39 g | F 4,26 g | KH 33,30 g

Dinkelvollkornbrötchen

Zutaten für ca. 9 Stück

300 g	Dinkelkörner
½ W.	Hefe, frisch
350 g	Wasser
10 g	Ahornsirup
210 g	Dinkelmehl, 1050er
2 Tl	Salz
3 El	Haferflocken
1 El	Rapsöl

zusätzlich

2 El	Milch
1 El	Rapsöl
1–2 El	Haferflocken

Zubereitung

› Dinkelkörner in den Mixtopf geben, **30 Sek./Stufe 10** mahlen und umfüllen.

› Hefe, Wasser und Sirup in den Mixtopf einfüllen, **1:30 Min./37°C/Stufe 2** erwärmen.

› Restliche Zutaten zufügen, **5 Min./Teigstufe** kneten.

› Den Teig in eine bemehlte Schüssel füllen, mit Mehl bestäuben und ca. 1½ Stunden gehen lassen.

› Den Teig auf eine bemehlte Arbeitsfläche geben, kurz kneten und dann mit bemehlten Händen daraus 9 runde Brötchen formen.

› Die Brötchen auf ein mit Backpapier ausgelegtes Backblech geben und zugedeckt etwa 20–30 Minuten gehen lassen.

› Währenddessen den Backofen auf **220°C Ober-/Unterhitze** vorheizen.

› Milch und Öl vermischen, die Brötchen damit bestreichen und mit Haferflocken bestreuen.

› Die Brötchen **ca. 30 Minuten**, je nach gewünschtem Bräunungsgrad, backen.

Nährwerte/Stück: 226 kcal | EW 9,49 g | F 3,89 g | KH 37,67 g

Nährwerte/100 g: 191 kcal | EW 6,78 g | F 4,61 g | KH 30,18 g

6-Korn-Mischbrot

Zutaten

250 g	6-Korn-Mischung
200 g	Weizenmehl, 550er
150 g	Roggenvollkornmehl
1 W.	Hefe, frisch
15 g	Balsamico
530 g	Wasser, zimmerwarm
10 g	Honig
2 Tl	Salz
30 g	Sesam
35 g	Leinsamen

zusätzlich

10 g	Leinsamen
10 g	Sesam

Zubereitung

- Die 6-Korn-Mischung in den Mixtopf geben, **1 Min./Stufe 10** mahlen.
- Restliche Zutaten zufügen, **3:30 Min./Teigstufe** kneten.
- Den Teig in eine gefettete große Kastenform (ca. 13 x 30 cm) oder 4 kleine Kastenformen (ca. 8 x 15 cm) füllen.
- Leinsamen und Sesam vermischen und das Brot damit bestreuen.
- Backofen auf **220°C Ober-/Unterhitze** vorheizen und den Teig währenddessen zugedeckt an einem warmen Ort gehen lassen.
- Das Brot für **ca. 30 Minuten** backen, Temperatur auf **200°C** reduzieren und für **ca. 20 Minuten** weiter backen.
- Das Brot aus der Form nehmen und nochmals für etwa **7–10 Minuten** auf dem Backblech fertig backen.

Tipp *Je nach Backform kann die Zeit ein wenig variieren.*

Roggenbrot im Schlaf

Zutaten

330 g	Wasser
20 g	Ahornsirup
1 W.	Hefe, frisch
250 g	Roggenmehl, 1150er
300 g	Weizenvollkornmehl
10 g	Balsamico, hell
50 g	Gluten (Weizenkleber)
2½ Tl	Salz
½ Tl	Brotgewürz

Zubereitung

- Wasser, Ahornsirup und Hefe in den Mixtopf geben, **1:30 Min./37°C/Stufe 1.5** erwärmen.
- Restliche Zutaten in den Mixtopf geben, **4:30 Min./Teigstufe** kneten.
- Den Teig auf eine bemehlte Fläche geben und einen Laib formen.
- Den Laib auf ein mit Backpapier belegtes Backblech legen und ca. 30 Minuten gehen lassen.
- Währenddessen den Backofen auf **240°C Ober-/Unterhitze** vorheizen.
- Eine feuerfeste Schale mit Wasser in den Backofen stellen und das Blech mit dem Brot in den Ofen schieben.
- Das Brot **ca. 15 Minuten** backen und dann den Ofen ausschalten. Backofen nicht öffnen und das Brot über Nacht im Ofen lassen.
- Am nächsten Morgen kann das frische Brot herausgeholt werden.

Nährwerte/100 g: 202 kcal | EW 10,57 g | F 1,12 g | KH 36,49 g

Müslibrot

Zutaten

400 g	Wasser
½ W.	Hefe, frisch
2 El	Ahornsirup
½ Tl	Zucker
1 Btl.	Natursauerteig, flüssig (ca. 75 g)
300 g	Weizenmehl, 1050er
150 g	Weizenmehl, 550er
150 g	Joghurt
300 g	Fruchtmüsli, ohne Zuckerzusatz (FP)
2 Tl	Salz

zusätzlich
Haferflocken oder Müsli zum Bestreuen

Zubereitung

- Wasser, Hefe, Ahornsirup und Zucker in den Mixtopf geben, **2 Min./37°C/Stufe 1.5** erwärmen.
- Restliche Zutaten zufügen, **5 Min./Teigstufe** kneten.
- Eine Form mit Deckel (z.B. oval ca. 26 x 19 cm, 3,5 l Inhalt) einfetten und mit Haferflocken ausstreuen.
- Den Teig einfüllen, mit Haferflocken oder Müsli bestreuen und zugedeckt ca. 45 Minuten gehen lassen.
- Währenddessen den Backofen auf **200°C Ober-/Unterhitze** vorheizen.
- Die Form mit Deckel in den Backofen stellen und **ca. 40 Minuten** backen.
- Das Brot aus der Form lösen und in weiteren **20–25 Minuten** zu Ende backen.

Nährwerte/100 g: 203 kcal | EW 6,26 g | F 1,90 g | KH 38,47 g

Möhrenbrötchen

Zutaten für ca. 9 Stück

120 g	Möhren, in Stücken		
180 g	Wasser, lauwarm	220 g	Weizenmehl, 405er
½ W.	Hefe, frisch	1 Tl	Salz
5 g	Honig	20 g	Olivenöl
150 g	Dinkelmehl, 630er	25 g	Leinsamen

Zubereitung

- Möhren in den Mixtopf geben, **6 Sek./Stufe 5** zerkleinern.
- Restliche Zutaten zufügen, **3 Min./Teigstufe** kneten.
- Aus dem feuchten Teig mit Hilfe von etwas Mehl 9 Brötchen formen.
- Die Brötchen einschneiden und auf ein mit Backpapier ausgelegtes Backblech legen.
- Die Brötchen zugedeckt an einem warmen Ort ca. 20–30 Minuten gehen lassen.
- Währenddessen den Backofen auf **200°C Ober-/Unterhitze** vorheizen.
- Brötchen in den Ofen schieben und für **ca. 25–30 Minuten** backen.

Übernacht Variante

Eine andere Möglichkeit ist, die Brötchen über Nacht gehen zu lassen:

- Die Möhrenbrötchen mit nur 10 g Hefe wie beschrieben zubereiten, auf ein Backblech (sollte in den Kühlschrank passen) legen und mit Folie bedeckt über Nacht in den Kühlschrank stellen.
- Die Möhrenbrötchen etwa 30–60 Minuten vor dem Backen aus dem Kühlschrank nehmen und die Folie entfernen.
- Möhrenbrötchen in den kalten Ofen schieben und bei **200°C Ober-/Unterhitze** für **ca. 30 Minuten** backen.

Nährwerte/Stück: 181 kcal | EW 5,64 g | F 3,74 g | KH 30,73 g

Nährwerte/Stück: 155 kcal | EW 5,84 g | F 2,35 g | KH 27,25 g

Kornspitz

Zutaten für ca. 8 Stück

210 g	Wasser
10 g	Hefe, frisch
5 g	Honig
150 g	Dinkelmehl, 630er
100 g	Roggenmehl, 1150er
50 g	Weizenmehl, 405er
10 g	Sesam
15 g	Leinsamen
10 g	Salz

zusätzlich zum Bestreuen
Körner nach Belieben

Zubereitung

- Wasser, Hefe sowie Honig in den Mixtopf geben, **2 Min./37°C/Stufe 1** erwärmen.
- Restliche Zutaten zufügen, **2:30 Min./Teigstufe** kneten.
- Teig in eine bemehlte Schüssel geben und zugedeckt ca. 1 Stunde gehen lassen.
- Den Teig auf eine ganz leicht bemehlte Fläche geben und in 8 Stücke teilen.
- Jedes Stück zu einem ovalen Fladen ausrollen und von der langen Seite her einrollen.
- Die Kornspitz auf ein mit Backpapier ausgelegtes Backblech legen, mit Wasser befeuchten und nach Belieben bestreuen.
- Den Backofen auf **220°C Ober-/Unterhitze** vorheizen, die Kornspitz währenddessen zugedeckt nochmals gehen lassen und dann für **ca. 25–30 Minuten** backen.

Eine andere Variante ist, die Kornspitz über Nacht gehen zu lassen: **Übernacht Variante**

- Die Kornspitz wie beschrieben zubereiten, auf ein Blech mit Deckel legen oder mit Folie bedeckt über Nacht in den Kühlschrank stellen.
- Die Kornspitz etwa 1 Stunde vor dem Backen aus dem Kühlschrank nehmen und Deckel oder Folie entfernen.
- Kornspitz in den kalten Ofen schieben und bei **200°C Ober-/Unterhitze** für **ca. 25–30 Minuten** backen.

Geschrotetes Schwarzbrot

Zutaten

200 g	Dinkelkörner	100 g	Ahornsirup
200 g	Roggenkörner	300 g	Birnenschmaus, Fruchtaufstrich (FP)
200 g	6-Korn-Mischung	500 g	Buttermilch
200 g	Weizenkörner	260 g	Wasser
400 g	Weizenmehl, 1050er	2 W.	Hefe, frisch
		3 Tl	Salz

Zubereitung

› Dinkel in den Mixtopf geben, **10 Sek./Stufe 10** schroten und umfüllen.
› Ebenso alle anderen Körner nacheinander in den Mixtopf geben, **10 Sek./Stufe 10** schroten und umfüllen.
› Sirup, Birnenschmaus, Buttermilch, Wasser und Hefe in den Mixtopf geben, **2:30 Min./37°C/Stufe 1** erwärmen.
› Das geschrotete Getreide zufügen, **30 Sek./Teigstufe** untermischen.
› Mehl und Salz zufügen, vorsichtig mit dem Spatel etwas unterheben und dann **1:30 Min./LL/Stufe 4** vermengen (Mixtopf ist ziemlich voll).
› Den Teig in eine gefettete mit Haferflocken ausgestreute Brotbackform (Kasten ca. 31 x 13 cm) geben.
› Das Brot in den kalten Ofen schieben und auf **150°C Ober-/Unterhitze** für **ca. 3 Stunden** backen (ggf. das Brot nach ca. 1½ Stunden mit Folie abdecken).

Tipp *Das Brot am besten über Nacht ruhen lassen und erst am nächsten Tag anschneiden.*

Nährwerte/100 g: 217 kcal | EW 8,29 g | F 1,44 g | KH 42,00 g

Nährwerte/100 g: 273 kcal | EW 10,62 g | F 7,67 g | KH 32,42 g

Vollkorn-Buttermilch-Brot mit Mandeln

Zutaten

200 g	Dinkelkörner
100 g	Weizenkörner
200 g	Roggenmehl, 1150er
1	Apfel, entkernt u. geschält
1 W.	Hefe, frisch
10 g	Ahornsirup
400 g	Buttermilch
20 g	Balsamicocreme
50 g	Wasser
30 g	Rapsöl
2 Tl	Salz
80 g	gemischte Kerne, z.B. Sonnenblumen, Leinsamen, Kürbis
50 g	Mandelblättchen

zusätzlich

3–4 El	Haferflocken

Zubereitung

› Backofen auf **220°C Ober-/Unterhitze** vorheizen.
› Dinkel in den Mixtopf geben, **30 Sek./Stufe 10** mahlen und umfüllen.
› Weizen in den Mixtopf geben, **50 Sek./Stufe 10** mahlen und umfüllen.
› Apfel in den Mixtopf geben, **4 Sek./Stufe 4.5** zerkleinern und umfüllen.
› Hefe, Ahornsirup und Buttermilch in den Mixtopf geben, **2 Min./37°C/Stufe 1.5** erwärmen.
› Umgefülltes Mehl, den Apfel sowie die restlichen Zutaten zufügen, **6 Min./Teigstufe** mit Hilfe des Spatels kneten.
› Eine Brotbackform (ca. 13 x 30 x 10 cm) einfetten und mit Haferflocken ausstreuen.
› Den Teig in die Form füllen und mit den restlichen Haferflocken bestreuen.
› Das Brot für **ca. 25 Minuten** backen, dann die Temperatur auf **190°C** reduzieren und in weiteren **35–40 Minuten** fertig backen.

Baguettebrötchen

Zutaten für ca. 8 Stück

70 g	Weizenkörner
480 g	Wasser
15 g	Hefe, frisch
5 g	Ahornsirup
500 g	Weizenmehl, 405er
130 g	Weizenmehl, 550er
2 Tl	Backmalz
20 g	Olivenöl
10 g	Salz

Zubereitung

- Weizen in den Mixtopf geben, **10 Sek./Stufe 10** schroten und umfüllen.
- Wasser, Hefe und Sirup in den Mixtopf geben, **2 Min./37°C/Stufe 2** erwärmen.
- Restliche Zutaten, sowie das Weizenschrot zufügen und **5 Min./Teigstufe** kneten.
- Den weichen Teig in eine große bemehlte Schüssel geben und zugedeckt ca. 2–3 Stunden gehen lassen.
- Den Teig auf eine bemehlte Fläche geben und in 8 Stücke teilen, mit Hilfe von etwas Mehl locker aus jedem Stück ein Baguettebrötchen formen.
- Die Brötchen auf ein mit Backpapier ausgelegtes Blech legen.
- Die Brötchen in den kalten Ofen schieben und auf **200°C Ober-/Unterhitze ca. 40–45 Minuten** backen.

Nährwerte/Stück: 329 kcal | EW 9,92 g | F 3,48 g | KH 63,51 g